AF495001

VERDUN
(UN DIPTYQUE)

« *De toute son âme* »

PREMIÈRE PARTIE

LA BATAILLE : 1916 (1)

24 *février*. — La bataille fait rage du côté de Verdun ; les Allemands poussent vers la forteresse des centaines de milliers d'hommes, sur un front si étroit, qu'ils ont massé dix soldats par mètre.

26 *février*. — La ruée contre Verdun se poursuit. Jean Herbette écrit : « L'armée française subit le plus formidable assaut que le monde ait jamais vu ». Maurice Barrès déclare : « Nous avons le droit d'attendre la fin de cette bataille avec les meilleures espérances... Attendons. Gardons-nous contre ceux qui répandraient de mauvaises nouvelles, et traînons-les chez le commissaire de police ».

27 *février*. — Au matin, j'entends monter de la rue une voix claire : « Nous avons repris Douaumont ! ». La censure ne permet pas d'*imprimer* qu'il s'agit d'un des forts qui protègent Verdun. En manchette dans le journal : « Une magnifique ruée de nos troupes reprend... » Mais il suffit d'une des cartes publiées, chaque jour, dans la presse, pour connaître la vérité. Le sommet des Hauts de Meuse, sur lesquels les Allemands cherchaient à s'avancer, est coupé de petits fossés qui, à cette époque de l'année, sont de véritables ruisseaux. Les batteries françaises avaient été placées de façon à les prendre en enfilade ; et les blessés arrivés à Paris racontent qu'on y a fait un terrible carnage d'Allemands. A certains endroits, les monceaux de corps barraient les fossés, empêchant l'eau de s'écouler vers

(1) Extraits d'un journal personnel tenu pendant la durée de la guerre.

la Meuse. De temps à autre, une de ces digues cédait, et un cours d'eau sanglant reprenait sa marche, entraînant des centaines de cadavres (*L'Information*). « Comme notre principal objet, dans la phase actuelle de la guerre, est de tuer autant d'Allemands que possible, il est des plus satisfaisant pour nous que le kronprinz condamne ses armées à des pertes si lourdes. » (*Daily Graphic*).

3 *mars*. — Un Allemand expliquait à une dame de Verdun que le traité signé dans cette ville, en *août* 843, désavantageait injustement Louis le Germanique, et qu'on avait voulu en imposer la révision, lorsque Guillaume II, en *août* 1914, se jeta vers la ville même où cette iniquité fut perpétrée.

5 *mars*. — Le socialiste Renaudel écrit, dans *L'Humanité* : « La bataille qui se livre autour de Verdun est, par ses conséquences, la plus importante qui soit. A Douaumont, minuscule village où convergent les obus, et où se mêlent, confondus, les souffles rudes des combattants, s'élaborent peut-être les suprêmes évènements qui conduiront les peuples au repos. Chacun sent qu'il faut en finir, plus encore peut-être avec le cauchemar qu'avec le charnier. A travers le sang versé, l'humanité chemine cependant, titubante et meurtrie, cherchant à tâtons le droit international que la volonté des hommes dégagera de l'horreur des choses ».

6 *mars*. — O Victor Hugo, Gustave Doré, Shakespeare, Dante, Eschyle, voici pour vous ! « Bâle, 6 mars. — Le Kaiser et von Falkenhayn, chef d'état-major général, retournant en Allemagne, du front de Verdun, ont traversé Louvain en automobile blindée. La veille, 222 trains de blessés avaient passé à Aix-la-Chapelle, et autant à Metz ». Quelle fresque ! « *Le retour de l'Empereur* », escorté de 444 trains de soldats en lambeaux ! (Il paraît que le César s'en allait à la noce).

7 *mars*. (*Mardi-Gras*). — Un correspondant militaire de la presse britannique raconte, à son retour de Verdun : « Je parlais à un blessé qui revenait de la ligne de feu, la main droite en moins. Comme j'essayais de le consoler, il me répondit : « Ce n'est rien ; j'ai offert ma vie pour la France, et elle n'a pris que ma main ; j'ai gagné ! » Un capitaine d'artillerie m'a conté que les artilleurs de sa batterie, après avoir tiré plusieurs centaines de coups, constatèrent qu'il était impossible de continuer avant que les canons fussent refroidis. Il n'y avait pas d'eau, excepté dans les bidons des hommes ; ceux-ci, mourant de soif, refusaient de boire une seule goutte, réservant toute leur provision pour inonder les pièces ».

11 *mars.* — Un lieutenant, revenu blessé de Verdun, raconte : « Les obus démolirent un poste téléphonique où je me trouvais et fit à la figure de mon opérateur une plaie béante. Le sang l'aveuglait. Il refusa de partir pour l'ambulance. « A-t-on besoin d'y voir pour téléphoner ? » me dit-il. Une demi-heure plus tard, un obus le tuait ». Et encore : « La *division de fer* avait contre elle six divisions des meilleurs soldats de l'Allemagne ; mais peu lui importait. Plusieurs des nôtres, ayant brisé leur baïonnette dans le combat, se battaient à coups de crosse. J'en vis un, tenant une lourde épée d'officier allemand, renverser les ennemis autour de lui. Quatre fois il fut atteint d'une balle, quatre fois il se releva et recommença la lutte. Un autre ayant la moitié du menton enlevée, était terrible à voir, agenouillé sur un monceau de cadavres allemands, tirant aussi rapidement que possible et abattant les ennemis à vingt mètres ».

Aussi, *L'Action Française* écrit : « Les soldats qui reviennent de Verdun répètent joyeusement : « On a bien travaillé ! On a tué du Boche ». C'est, en effet, ce qui d'abord importe : tuer du Boche.» Et le *Gaulois* s'exprime ainsi : « On évalue les pertes formidables d'un ennemi qui ne compte pas avec les existences humaines. On s'en réjouit, si bon chrétien qu'on puisse être. On se répète ce mot d'un général : « Beaucoup de Boches au tableau ! »

15 *mars.*— Les titanesques ruées contre Verdun reprennent. « Leurs attaques « colossales », en colonnes par quatre, seront autrement jugées que leurs préparations d'artillerie. Un bon juge écrit que cela confine à la démence. En effet, c'est de la boucherie. *Bella matribus detestata.* Cependant, la guerre est un art noble. Leur guerre est à la guerre ce que l'informe sculpture hideuse des sauvages est à la statuaire grecque ». (Polybe. Le *Figaro*). Mais cette affirmation elle-même, sans restrictions ni nuances : « La guerre est un art noble », apparaîtra un jour digne de la brute préhistorique.

18 *mars.* — Un officier supérieur écrit de Verdun : « Le nombre d'obus qui ont été tirés dépasse l'imagination : plusieurs millions. Le sol tremblait sans arrêt. On a calculé que, sur un seul point du front, large de 200 mètres et profond de 450, ils ont lancé plus de quatre-vingt mille projectiles, en majorité de 220 et de 305. Gaz asphyxiants et gaz lacrymogènes, jets de liquide enflammé, ils ont tout mis en œuvre, et ils n'ont pas abouti... Quelle joie pour nous, quand nous sommes rentrés, l'autre nuit, au petit village de X..., qui sera célèbre pour toujours, d'apercevoir Castelnau, à travers sa fenêtre sans

rideaux, assis à une petite table éclairée par une seule bougie, donnant ses instructions pour la bataille du lendemain ! »

Le Petit Parisien : « Certaines de nos positions furent arrosées, en une dizaine d'heures, par au moins 500.000 obus... Sur des espaces de terrain relativement restreints, les Allemands déversèrent jusqu'à 5 millions de kilogs de mitraille en quelques heures. En quinze jours, près de cinq millions de projectiles vinrent bouleverser le sol devant la forteresse... La région est devenue une véritable mine de fer, puisque près de 250.000 tonnes de ce métal y gisent aujourd'hui. A raison de dix tonnes par wagon, on arrive au total de 25.000 wagons, ou 300 trains de marchandises, utilisées pour amener sur cette partie du front les projectiles prévus. »

Pendant ce temps, à Paris, on joue *La femme nue* au théâtre de la Porte St-Martin, *Aphrodite* à l'Opéra Comique, *Hortense a dit : Je m'en fous !* au Palais-Royal, *La Cocarde de Mimi Pinson* à l'Apollo, *Une nuit de noces* à la Renaissance, etc.

4 avril. — De violents combats ont recommencé devant Verdun. La *Gazette de Voss* écrit : « Ce ne sont plus des armées qui s'affrontent, mais deux peuples. La France lutte pour son existence. Elle est un adversaire exaspéré qui n'est pas plus faible que nous. Une seule chose décidera de la victoire : la volonté et les nerfs. Dans ce combat, où le nombre d'hommes et les moyens techniques sont égaux, la supériorité morale est tout. Par instants, on désespère ; mais c'est seulement par une entière confiance que nous donnerons à notre Etat-major la force de tenir ». Et on a célébré la semaine dernière, à Philippopoli, avec illuminations, la prise de Verdun par les Allemands !

7 avril. — Un jeune soldat qui revient de cette région maudite déclare : « C'est l'enfer infernal ! » La densité des attaques ennemies était telle, que les tués, parfois, ne tombaient pas. Lui-même, (resté enterré par un obus, durant trois heures,) il souhaite repartir.

9 avril. — Encore un dimanche profané, ensanglanté ; furieuse bataille devant Verdun. Nous résistons. Et ce qui est significatif, notre généralissime continue à maintenir dans l'inaction l'armée anglaise ; il ne permet pas aux ennemis de bouleverser le plan d'offensive concertée des alliés.

Aspect du terrain disloqué par l'artillerie : un capitaine, pour protéger ses hommes, s'est caché, avec 70 soldats, dans un cratère d'obus.

15 avril. — Un de mes jeunes amis a vu des choses terribles sous Verdun. Des pétroleurs allemands, renversés par nos mitrailleuses sur leurs appareils enflammés, ont brûlé pendant vingt-quatre heures.

17 *avril.* — *Lundi saint.* — Visite inopinée d'un médecin qui vient de ramener à Paris, de Verdun, 250 grands blessés. L'un d'entre eux, tailleur de son état, avait pleuré pendant la nuit, parce qu'il était amputé du bras droit et de la jambe droite. « Je lui ai dit des paroles consolantes ; je lui ai parlé de la rééducation ».

23 *avril.* — *Dimanche de Pâques.* — Dans *L'Illustration*, reçue aujourd'hui, un officier d'Etat-major raconte la bataille acharnée du 9 avril devant Verdun : « A 15 h. 15, très exactement, de nombreuses colonnes en désordre regagnent en courant le bois de Cumières. C'est un spectacle admirable, que la fuite de l'ennemi. La jumelle en tremble de plaisir dans les deux mains, et il faut un effort pour la fixer. Le soleil tape en plein sur ces petits paquets grouillants. Mais nos obus, eux aussi, éclatent au milieu des groupes. Et les groupes se séparent, s'arrêtent, se disloquent. Ils disparaissent, ils se sont couchés. Ils se relèvent — pas tous — ne sachant où aller, comme ces faisans qui battent de l'aile au hasard, devant la fusillade. Avec une ténacité qu'il faut reconnaître, l'assaillant revient à la charge, mais les nouvelles attaques sont moins ordonnées, moins fournies... Cela dure jusqu'au coucher du soleil, un coucher incomparable, bordé de nuages roses, si délicats de teinte, si caressants aux regards, si différents des nuages tragiques que font les engins des hommes. Et la nuit tombe, sans qu'on sache au juste le dénouement... »

24 *avril.* — « Le Mort-Homme » ! Un calvaire était érigé là, sur l'emplacement où l'on avait trouvé, jadis, un cadavre mystérieux. Cela rappelle le « Champ du sang », mentionné dans les *Actes des Apôtres*, en souvenir du lieu où Judas Iscariot périt.

26 *avril.* — Deux paroles encourageantes. L'une d'un très jeune soldat des tranchées d'Alsace : « L'élément spirituel domine tout, dans cette guerre ». L'autre, d'un écrivain-soldat à Verdun : « J'ai vu bien des sauvageries et des horreurs dans cette guerre ; au total, elle a augmenté mon admiration de la France, et mon estime de la nature humaine ».

Un journal persan décrit ainsi la bataille : « A chaque seconde, des milliers de jeunes gens instruits, à la fleur de l'âge, avec des visages plus frais que les roses, des corps plus délicats que le satin, se jettent dans la fournaise rougie de sang. Jamais le monde ne vit une boucherie pareille. Zokhak avec toute sa voracité, Néron avec toute sa cruauté, Tchanguiz avec toute sa férocité, ne firent pas, dans toute leur vie, autant de victimes que les Européens civilisés n'en massacrent, aujourd'hui, dans un seul instant ».

27 *avril*. — Un blessé raconte les premières journées de bataille devant Verdun, sous la neige. Pas de tranchées françaises. Sur 240 hommes, dans sa compagnie, il en est resté 37.

2 *mai*. — « Autour de Verdun, le vacarme incessant des explosions, continué jour et nuit, nous exaspère au point que nous sommes parfois tentés de bondir hors de nos abris pour crier dans le tonnerre : Assez ! Assez» !

Ce bombardement ininterrompu blesse et tue presque autant d'hommes, sur les chemins de ravitaillement et dans les cantonnements de repos, que sur la ligne de feu. Il est des hommes qui refuseraient d'aller chercher de la nourriture fraîche, et qui se contenteraient de conserves, s'ils n'étaient pas soutenus par le désir de vin et d'eau-de-vie.

12 *mai*. — Gabriel Hanotaux, revenant de Verdun, décrit l'explosion de l'obus : « Un coup. C'est un départ ; il siffle, il monte, il déchire l'air ; il s'avance avec ce cri strident d'une soie déchirée ; il tombe, il frappe ; tout est pulvérisé autour de lui ; le mur atteint s'écroule, la terre se creuse ; un énorme cratère vomit le noir, le roux, le gris, de la pierre, des briques, des poutres ; la catastrophe rayonne en cercle, d'autres pans de murs plient, chancellent, saluent et s'écroulent à leur tour ; puis, dans la paix qui se rétablit peu à peu, il y a je ne sais quelle joie que la catastrophe s'achève... Alors que déjà une autre recommence ».

Un carnet de soldat, sous Verdun, contient ces notes stoïques : « Le pays par lui-même n'est pas gai ; ville austère, villages pauvres, dans la campagne peu d'arbres ; des côtes nues qui se succèdent ; au sommet, des canons. Partout des soldats, rien que des soldats. Tout est abandonné. Il n'y a plus de place pour la pitié. On ne rit pas ; on ne pleure pas non plus : on se bat et on tue sans merci. La vie d'un homme ne compte pas ».

17 *mai*. — Chez une des mes paroissiennes, un permissionnaire, un soldat à la charmante figure, racontait ce haut-fait : « A Verdun, je dis à un prisonnier : Te voilà content ! Tu vas manger à ta faim !— Il me répond : Mais je ne pourrai plus défendre notre Kaiser. — Ah ! tu l'aimes tant que ça, ton Kaiser !... et je le tue ».

24 *mai*. — Un de nos jeunes amis combat près de la cote 304 — l'un des points du monde qui a reçu le plus de projectiles, depuis qu'une partie du Soleil s'est constituée en planète habi-

table pour l'homme. Celui-ci s'exerce à la rendre inhabitable... Ce jeune soldat raconte des traits d'héroïsme. Un de ses camarades blessé à mort, et faisant fonctionner sa mitrailleuse, jusqu'à son dernier soupir. Un autre, un violoniste, expirant avec un hymne à Dieu sur les lèvres.

26 *mai.* — « On regarde sur la carte. La loupe sous les yeux et le compas à la main, on relève les derniers emplacements des troupes, on mesure les oscillations du combat... Cette bataille, depuis quinze jours, depuis trois semaines, c'est une succession d'avances et de reculs, de progrès et de refoulements, dont le plus considérable ne dépasse pas 300 mètres. Quel bouleversement de toutes les idées acquises, pour quiconque a été accoutumé à voir les batailles dans l'espace ! C'est qu'elles ne se déroulent plus que par exception dans l'espace ; la bataille moderne se gagne où se perd dans le temps. Elle en est devenue plus âpre, plus dure, plus difficile ; elle exige plus de ténacité et de force d'âme des hommes qu'elle immobilise ; elle tend les héroïsmes, obscurs et silencieux, aux suprêmes limites où commence la sainteté. Les assauts hurlants, les galopades échevelées, plaisaient davantage à la littérature et à la lithographie. Il va falloir reviser ces belles injustices, donner la première place dans l'admiration des hommes à l'immobilité sous toutes ces mitrailles d'enfer. Ce sera le triomphe de la sculpture, le plus noble des arts ». (Polybe, *Le Figaro*).

27 *mai.* — Un jeune soldat de vingt-deux ans, fiancé, en apprenant qu'on le dirigeait sur Verdun, écrivit : « Je pars pour la gloire et l'immortalité ». Il prit part à des combats acharnés et resta plusieurs jours sans être ravitaillé. Malgré sa fatigue, il trouva la force de porter sur son dos un camarade blessé, qui le suppliait de ne pas l'abandonner aux Allemands, et qui mourut, le sourire aux lèvres, à la pensée de leur échapper. Lui-même, enfin, ramené de Douaumont sur Bar-le-Duc, y expira d'épuisement ; le cœur céda.

30 *mai.* — La bataille s'exaspère : La *Frankfurter Zeitung* avoue : « Au cours de l'assaut contre la cote 304, on a lancé 2.400 grenades sur une surface de cent mètres carrés. Les résultats sont maigres ».

31 *mai.* — A Verdun, on a saisi sur des prisonniers allemands des lettres contenant les détails suivants : « Ce matin, ils nous ont enfumés avec des obus à gaz et autres choses infâmes. Tout, tout, *kultür !* Pas un homme raisonnable ne peut justifier une pareille tuerie ». Autre témoignage : « Je suis, depuis le Ven-

dredi saint (sic), devant Verdun ; c'est effroyable. On dirait que la montagne s'écroule ».

8 *juin.* — Verdun ! nom fatidique, formidable concasseur où des hommes palpitants ont déjà disparu, broyés par myriades. A la gare de l'Est, une simple indication sur toile donne aux permissionnaires en partance l'heure du rassemblement pour la *direction de Verdun.* Ce maëlstrom bouillonne à nos portes.

Un soldat qui en arrive disait : « Nous sommes là comme des fous, sous le bombardement ; le bruit empêche de parler ; nous sommes pâles, les yeux hors de la tête ; si quelqu'un nous touche le bras, nous sursautons ».

Le fort de Vaux, dont les Allemands avaient annoncé la prise il y a trois mois, est enfin tombé entre leurs mains. Un de nos journaux annonce ainsi l'événement : « Les ruines du fort de Vaux occupées par l'ennemi ».

10 *juin.* — De la région du fort de Vaux, un lieutenant écrit : « Seul dans un semblant de cagna, je passe douze heures d'agonie. En face de nous, il n'y a pas moins de douze cents pièces de 240, 305, 380 et 420 qui crachent sans arrêt. Cela vous abêtit le cerveau, ces explosions : on croit qu'on a le ventre arraché, le cœur dévissé. La secousse semble décrocher tous les membres... Et puis les blessés, les cadavres... J'enterre trois camarades dans un trou d'obus ; on n'a pas d'eau, et avec les mains qui viennent de toucher les pauvres membres déchiquetés, on mange comme si de rien n'était...»

13 *juin.* — Des « rescapés » du fort de Vaux décrivent le corps à corps devant les remparts. « La bataille se livrait à coups de casques, maniés comme des massues par la jugulaire. »

Près d'Avocourt, nos pertes en hommes ont atteint 40 pour cent. Dans une batterie de six canons, deux éclatèrent, trois furent détruits par le tir ennemi.

15 *juin.* — Dans le quartier des Halles, j'écoute un chanteur public. Il connaît d'avance les endroits du poème où il convient de s'arrêter, pour offrir sa marchandise : certains mots emporte-pièce créent la tentation irrésistible de posséder le chef-d'oeuvre. Par exemple, à propos du Kronprinz devant Verdun :

D'puis qu'il a voulu prend' Vaux
Tout l'mond' le prend pour un' vache !

24 *juin.* — A propos des lettres trouvées sur les prisonniers français faits à Verdun, la *Gazette de Voss* publie ce témoignage sincère : « Dans l'ensemble, il règne dans les lettres adres-

sées aux soldats français du front un ton d'une élévation remarquable. Les plaintes sur les malheurs de la guerre, sur les difficultés du pays, disparaissent devant les paroles d'encouragement et de confiance, devant un esprit de sacrifice chaleureux. Un sentiment national enraciné depuis des siècles, et jalousement cultivé, s'affirme à l'heure du danger. Toujours ces mêmes paroles reviennent : « Tout cela est effroyable, mais il s'agit de sauver la patrie. Courage mon ami, courage ! Je prie pour toi » — et aussi ces mots pleins de rage et de haine : « Il faut battre les barbares. »

28 *juin*. — On compare l'armée de Verdun à Winkelried, réunissant contre sa poitrine les piques allemandes, à la bataille de Sempach, pour donner aux siens le temps de préparer l'attaque victorieuse.

3 *juillet*. — Causé avec un jeune paroissien, qui n'a pas vingt ans et qui, en qualité de brigadier, mène de nuit des convois de ravitaillement devant Verdun, sur des routes repérées où s'abattent sans cesse « des tirs de destruction. » Lui et son cheval ont été attirés par le souffle d'un obus, comme par le tourbillon du Niagara... Il me parlait d'un ton calme et grave. Son régiment d'artillerie, en dix-huit mois de campagne, avait compté cinquante morts ; depuis deux mois et demi, à Verdun, le même régiment a perdu huit cents hommes.

4 *juillet*. — Un de mes anciens catéchumènes, à peine arrivé sur le front de Verdun, a failli être tué ; son capitaine, qui se tenait devant lui, a péri. Il en été quitte pour des contusions.

8 *juillet*. — A Vaux, quand des blessés mouraient, on jetait leurs cadavres dans les fossés du fort ; ce charnier empestait ; mais les éclatements de gros projectiles, tombant dans ces reliefs humains, accomplissaient le service de voirie.

Un brancardier, aidé d'un camarade, emportait un blessé ; il marchait en tête. Soudain, explosion formidable... Il ne tient plus dans ses mains que deux mancherons. Derrière lui, tout a disparu, volatilisé.

10 *juillet*. — Nouvelles de notre fils. Le silence du soldat s'explique... Emmené à Verdun en camion, il est descendu aux enfers, à Thiaumont, au fond d'un trou d'obus. Il nous écrivait le 6 juillet : « Tout à l'heure, notre commandant, chef du 1er bataillon, nous a adressé une petite allocution sur un ton simple et loyal : « C'est demain que nous partons pour nos trous d'obus ; nous allons à Thiaumont qui est, paraît-il, une des clefs de Verdun. Verdun est une des conditions de la victoire, et Thiaumont est un des points les plus importants pour la défense de

Verdun. Si le 130e a été choisi pour défendre ce point, c'est que le régiment a fait ses preuves. Chacun veut la victoire, chacun aura donc à cœur d'accomplir son devoir... Aux moyens moraux doivent s'ajouter les ressources physiques ; bien se reposer avant le départ, emporter quantité de vivres (biscuits, « singe », chocolat) (1) et de quoi boire (deux bidons, de l'eau avec du vin ou du café). Savoir ménager ces vivres. En principe, nous partons pour quatre ou cinq jours, ce qui n'empêche pas que nous pouvons très bien y rester dix jours ; en somme, on ne sait pas pour combien de temps on part. Emporter de quoi se bien défendre (grenades, cartouches) et ménager ses munitions. Nous allons au-devant de fatigues et d'émotions terribles ; étant prévenus, nous saurons les supporter. Notre commandant a confiance en nous, ayons confiance en lui. »

11 *juillet.* — De notre soldat, naturellement, pas de nouvelles. Les communiqués distillent savamment l'angoisse.

13 *juillet.* — *Ils s'acharnent sur Verdun*, annoncent les journaux, en lettres grasses.

Et notre fils ? Inutile de dissimuler la réalité. Elle est inscrite sur la carte. L'arrivée de notre enfant aux abords de Thiaumont semble coïncider avec l'une des plus violentes ruées de l'ennemi, dans cet étroit secteur du champ de bataille...

Froide-Terre, *Fleury*, *Bois Fumin*, *La Laufée*, *Damloup*, *Souville*, ces noms retentiront à jamais dans notre cœur, comme les hululements tragiques d'une sirène dans le brouillard. Que notre soldat sorte indemne ou non de cet enfer, nous devrons à tous ces calvaires un pieux pèlerinage.

15 *juillet.* — Nous recevons un message de notre fils, écrit le 12 juillet : « Tout continue à aller parfaitement bien, dans nos trous d'obus aménagés. Calme relatif : notre artillerie tire beaucoup, l'artillerie allemande moins. » Et pourtant, d'après le *Times*, les ennemis ont accumulé devant Verdun, 2.000 bouches à feu, dont 40 de très gros calibre (10 de *420*, 30 de *355* et *305*), 700 d'artillerie lourde (215 de *203*, 430 de *155*, 55 de *127*) et 1260 d'autres calibres (860 de *102*, 400 de 77).

18 *juillet.* — Visite d'un jeune voisin, un réchappé de Verdun où il a été blessé par notre « 75 ». Nos troupes lançaient des fusées vertes pour avertir notre artillerie de sa funeste méprise ; mais les Allemands lançaient, en même temps, des fusées rouges. Son officier eut le bras arraché ; pendant qu'il le pansait, un obus français le tue, avec deux autres hommes, et en blesse

(1) Vous savez que nous emportons tous nos vivres, et qu'il n'y a pas de ravitaillement.

huit, dont lui-même. Pour trouver le poste de secours, il suffisait de suivre la ligne des cadavres : blessés, tombés sur le chemin de l'ambulance convoitée. Là il vit un soldat noir sans blessure, apeuré sans doute par le bombardement. « On l'a chassé à coups de bâton, *F... le camp à ta compagnie !...* »

Il conserve de mauvais souvenirs de Verdun, malgré son entrain merveilleux ; il ne voudrait pas y retourner ; il y a perdu trop de camarades. Rester trois jours sans manger ni boire, passe encore !... Mais, sur 150 hommes, ils sont revenus 90.... Comme agent de liaison il devait, un jour, passer dans un boyau où gisaient des camarades blessés, les membres broyés. Il hésitait à avancer, sachant bien qu'on l'interpellerait. En effet, on le héla, réclamant de l'eau. Pas une goutte à leur offrir. Il dut les abandonner à leur sort. Un obus les a peut-être enterrés vifs. Cet incident lui déchire le coeur, malgré sa gaieté naturelle ; c'est un garçon de café, parisien.

20 *juillet.* — Une mère me raconte les épreuves de son fils à Verdun. Quatre jours sans ravitaillement, recroquevillé sur les genoux et les mains, dans un trou, la tête protégée par une vieille caisse de munitions. — Un journaliste décrit la réalité. « Des grappes humaines se terraient dans les trous d'obus et passaient là des jours et des nuits, exposées aux intempéries, au milieu de leurs ordures, sans un abri pour reposer leur tête, sans autres provisions (malgré le dévouement des cuistots), que les vivres de réserve apportés dans les sacs, sans boisson souvent, avec la quasi-certitude, en cas de blessure, de ne pouvoir être ramené à temps à l'arrière, malgré le zèle héroïque des brancardiers. »

C'est dans ces conditions effroyables, que des soldats conservent des sentiments humains à l'égard de l'ennemi. Cette mère nous racontait que son fils, ayant aperçu un Allemand sans armes qui retournait les cadavres et recueillait les plaques d'identité, saisit son fusil, puis n'eut pas le courage de viser froidement son semblable sans défense. Il fut approuvé de ses camarades. Ceux-ci mirent en quarantaine un des leurs qui avait tiré, par derrière, sur un Allemand venu vers nos lignes pour apporter des journaux en échange de cigarettes. Tuer un homme dans ces conditions, ce fut à leurs yeux une lâcheté.

21 *juillet.* — Nous apprenons que notre fils est sorti sain et sauf de la fournaise. Après un bombardement « infernal », la pluie s'est mise à tomber, et « c'est dégouttants d'eau, enfonçant dans une boue collante et épaisse, que nous avons été relevés.

Quelques jours de repos, et il n'y paraîtra plus des menues fatigues éprouvées, du 7 au 17 juillet, devant Thiaumont ».

22 *juillet*. — Un de mes cousins raconte qu'à la bataille de Verdun, à laquelle il participait comme infirmier, il a vu dix hommes se presser dans un rectangle de 2 m. 50 de long, piétinant dans la boue sous le bombardement, et parmi eux des blessés.

26 *juillet*. — Un de nos jeunes paroissiens est envoyé à la cote 304. Il écrit qu'on y va « la boutonnière fleurie. » (Manière de désigner le village de *Fleury* sans éveiller l'attention de la censure militaire).

2 *août* — Pour le deuxième anniversaire de la guerre, le *Bulletin des Armées* a publié une lettre du Président de la République : « Gloire immortelle à Verdun, qui a préparé l'action commune des armées alliées. » Puis un ordre du jour du généralissime : « Votre résistance victorieuse, dans une bataille de cinq mois, a brisé l'effort allemand devant Verdun. » Une lettre du ministre de la guerre anglais, Lloyd George : « La victorieuse défense des lignes de Verdun a conquis aux armées de la République, à la France tout entière, une gloire qui retentit jusqu'au bout du monde. » Une lettre de sir Douglas Haig, généralissime anglais : « La valeureuse résistance des Français à Verdun, leur indomptable héroïsme qui arrache à la fois des cris d'admiration et de colère à l'ennemi... ont enfin permis de parfaire tous les préparatifs, et de réaliser sur tous les fronts une parfaite unité d'action. » L'offensive britannique dans la Somme s'est déclanchée en juillet.

3 *août*. — Une mère me parle de son fils qui se bat à Thiaumont. Lors de la récente grande attaque des Allemands, les trous d'obus étaient remplis d'eau de pluie, et des blessés y furent noyés.

4 *août*. — Nouvelles de notre fils. En évitant de rien dramatiser, il nous raconte flegmatiquement que, de Verdun, ses camarades et lui ont été renvoyés « en réserve » à quelques centaines de mètres des Allemands. Là, dans un creux où les occupants étaient trop serrés pour se mouvoir, la lourde chaleur, la soif, le bombardement au gros soleil, l'ont éprouvé au point qu'il a été pris de fièvre et de vomissements. Il est allé se reposer au poste de secours, pendant une journée. Quand il est remonté vers ses camarades, il a constaté que les obus avaient consommé, parmi ces braves, leur œuvre de souffrance et de mort... Il conclut : « J'aurai connu ici des instants d'épreuves (fatigue, danger), mais j'en suis heureux, sûr de sortir mieux

trempé, plus homme, de ces quelques instants. En toute franchise, moral plus haut que jamais. Vive notre idéal commun de paix et d'amour sur terre !...»

6 *août.* — On se bat ferme, à Fleury et à Thiaumont. Notre fils est sauvé, après un mois de séjour dans le secteur infernal. Mais d'autres du même âge y sont restés. Au premier moment, on éprouve un sentiment de délivrance : « Mon enfant est sain et sauf. » A la réflexion, on se demande : Si d'autres sont mutilés ou tués, suis-je complètement épargné ? Les *autres*... Etrange expression.

7 *août.* — Le publiciste allemand, Maximilien Harden, écrit : « Sur tous les fronts fait fureur une bataille telle, que nulle jamais ne secoua l'humanité. Chaque minute, le blême moissonneur fauche un des nôtres. Chaque heure détruit dix millions de fortune allemande. Et l'ennemi ne veut pas la paix !... La France croit de nouveau à la victoire. Et se figurer que sa foi chancellerait, si Verdun était pris, est un conte agréable mais faux. »

9 *août.* — En Angleterre, on commence à donner le prénom de « Verdun » à des nouveau-nés.

Une lettre de combattant de Verdun décrit les impressions d'un bombardé. « Quand les points de chute se rapprochèrent, le craquement de l'explosion ébranlait tout, autour de nous et en nous, et chaque fois c'était une secousse douloureuse pour les nerfs. Lorsque nous percevions le souffle dans le lointain, le corps tout entier se contractait pour résister aux vibrations trop amples de l'explosion, et à chaque reprise c'était un nouvel assaut, une nouvelle fatigue, une nouvelle souffrance. A ce régime, les nerfs les plus solides ne peuvent résister longtemps. L'on est crispé depuis la pointe des cheveux jusqu'à la plante des pieds, et l'on attend, dans une sorte d'agonie, en élevant une dernière fois son coeur à Dieu, le coup suprême : une brûlure, un choc épouvantable, la dislocation, et puis plus rien. »

12 *août.* — Une paroissienne m'affirme que les chasseurs à pied commandés par son fils devant Verdun, après vingt-quatre jours en première ligne, ont été dirigés sur le Bois-le-Prêtre. Du bataillon primitif au début de la guerre, il ne subsiste rien, sauf trois officiers que leurs blessures ont écartés du champ de bataille. Son fils a été atteint trois fois. Devant Verdun, la compagnie de notre fils aura perdu la moitié de son effectif : malades, blessés, tués. Et elle n'a pas combattu !...

Notre soldat a quitté la ligne de feu, là-bas, en haillons ; son pantalon n'avait plus qu'une jambe.

12 septembre. — Les Français portent le nom de Verdun gravé au thermocautère, sur leur cœur. Mais c'est un nom qui laisse des traces brûlantes ailleurs. Un homme politique, après une enquête en Suisse, écrit : « Pour les Allemands raisonnables, la terminaison de la guerre par la reconnaissance d'un « coup nul », était, depuis l'immense déception de septembre 1914, l'espérance suprême. Quel changement depuis lors ! Cette illusion qui avait résisté à l'échec de la marche sur Calais, à la rupture avec l'Italie, à la constitution de notre armée d'Orient à Salonique, à la résolution sublime de l'Angleterre, s'est écrasée sur les murailles infranchissables de Verdun. — *Verdun ! Verdun !* Ces deux syllabes que nous prononçons avec gravité, mais aussi avec orgueil, j'ai appris partout en Suisse que les Allemands se les murmurent avec terreur... »

C'est précisément dans les casemates de la citadelle fameuse, sous les voûtes taillées dans le rocher, que Lloyd George vient de rendre un solennel hommage à notre France. A la fin d'un repas presque silencieux, où les voix étaient restées dominées par le ronflement des ventilateurs qui, seuls, mettaient un peu de mouvement dans cette salle, en faisant flotter, dans leur courant d'air, les plis d'un drapeau, le ministre de la guerre se leva. « D'une voix presque sourde, tant elle était contenue, mais qui, sous cette voûte sonore, portait cependant jusqu'au bout de la longue table, il parla. Comme il s'exprimait en anglais, la plupart des convives cherchaient à pénétrer le sens à travers l'expression de l'orateur qui, la tête penchée, le regard concentré, semblait prononcer des paroles rituelles, une sorte de prière plutôt qu'un discours. » Il termina sa brève allocution par ces mots : « Le souvenir de la victorieuse résistance de Verdun sera immortel, parce que Verdun a sauvé non seulement la France, mais notre grande cause commune et l'humanité tout entière ; contre les hauteurs qui entourent cette vieille citadelle, la puissance malfaisante de l'ennemi est venue se briser, comme une mer furieuse contre un roc de granit. Je me sens profondément remué, en touchant ce sol sacré. Je vous apporte l'admiration émue de mon pays et de ce grand Empire dont je suis ici le représentant. Ils s'inclinent avec moi devant le sacrifice et devant la gloire. Une fois de plus, pour la défense des grandes Causes auxquelles son avenir même est attaché, l'humanité se tourne vers la France. »

A ce moment, écrit un témoin, Lloyd George s'arrête au milieu d'un silence religieux, solennel. Puis, redressant la tête, et élevant son verre, d'un geste qui mit debout tous les assistants : *A la France ! Aux héros tombés sous Verdun !*

15 *septembre.* — « *Les sept croix de Verdun* ». — Titre romantique et lugubre, évoquant les sept gibets que surveilla jadis, à l'époque de David, la malheureuse Ritspa, fille d'Ajjà.

En reconnaisance du service rendu par la cité meusienne à la Cause commune, les chefs d'Etat des pays alliés ont décidé de la décorer simultanément. La Russie a envoyé la *Croix de St-Georges* ; la Grande-Bretagne, la *Military Iron* ; l'Italie, la *Valeur militaire* ; la Belgique, la *Croix de Léopold II* ; la Serbie, la *Bravoure Militaire* ; le Montenegro, la *Médaille d'or d'Obilicht* ; la France, enfin et surtout, la *Légion d'honneur* et a *Croix de guerre*.

Le président de la République a épinglé, successivement, chacune des croix sur un coussin que lui a présenté le maire de Verdun ; la musique militaire jouant, chaque fois, l'hymne national du pays allié qui avait conféré une décoration.

18 *septembre.* — Un de nos aumôniers militaires, dans une lettre écrite de Verdun, raconte la fin d'un petit soldat français de la classe 1916, mortellement frappé, la nuit, d'une balle en pleine poitrine, et qui écarta du bras l'aumônier catholique avec ces mots : « Non, laissez-moi, je n'ai pas de religion. » Quelques minutes plus tard, il expirait.

20 *septembre.* — Un jeune aviateur de vingt-et-un ans, qui était venu m'annoncer, en janvier dernier, la mort de son père, a disparu du côté de Vaux. On a vu tomber un aéroplane en flammes ; on craint qu'il n'ait péri, carbonisé !...

1er *octobre.* — Des officiers, revenant de Verdun, ont raconté une scène nocturne dans les souterrains du fort de Siouville. Blessés et prisonniers entassés. Chaleur intense. Le commandant préside à l'interrogatoire des Allemands, n'ayant gardé que son pantalon, parce qu'on étouffe. Des officiers ennemis refusent de répondre ; on ordonne à des noirs de les frapper au bâton... Surviennent, hagards, des officiers français, abrutis par le bombardement. Le commandant se lève, et leur parle pour les calmer : « Reposez-vous une demi-heure, puis vous repartirez...»

Autres détails. Quand on lance les troupes noires, on les lâche comme une meute sur un objectif ; mais il n'y a pas toujours de « Cessez le feu ! ». Ces troupes vont de l'avant et se font exterminer, mais, auparavant, elles ont massacré beaucoup d'ennemis.

4 *octobre.* — A l'ambulance de l'Ecole Polytechnique, je cause avec un « joyeux », terrassier syndiqué, envoyé en Afrique parce qu'il avait fait de la prison à Paris. Il parle avec excita-

tion. « A Verdun, cote 304 ! quatre jours et quatre nuits sans ravitaillement, après avoir pris d'assaut la crête ; nous buvions notre urine. Le commandant nous croyait morts. »

7 *octobre*. — Un de mes étudiants en théologie a passé neuf jours au bois de la Caillette. Pendant ce temps, sa formation, sans combattre, a perdu 60 % de ses effectifs.

18 *octobre*. — Apparition de notre permissionnaire. Il est en loques. Je cours lui acheter un uniforme « bleu horizon ». Il nous raconte comment, à Thiaumont, il essayait de couvrir de terre un cadavre qui empestait. A côté de lui, deux de ses camarades eurent la tête arrachée. Pendant qu'il croquait du chocolat, un soldat fut projeté en l'air ; des lambeaux de chair tombèrent sur ses compagnons ; il continua de manger. Pour boire, il dut recourir à l'eau qui croupissait dans un trou d'obus à saveur cadavérique...

25 *octobre*. — Les journaux annoncent en gros caractères : « Victoire devant Verdun. Le fort et le village de Douaumont repris. Le front allemand, sur 7 kilomètres, a été crevé partout. Notre avance atteint 3 kilomètres au centre ».

Le Temps commente l'événement : « Ainsi, en quelques heures, tous les efforts de l'armée du Kronprinz, accumulés depuis huit mois, sont annulés. » Et pourtant, les troupes allemandes, en face de Verdun, avaient reçu, le 17 octobre, la visite de l'empereur en personne, auquel un général aurait tenu ce discours : « Nous attendons tous, avec impatience, qu'il nous soit permis de recommencer l'attaque, dès que votre Majesté jugera le moment venu de faire payer à nos ennemis tous les crimes qu'ils ont commis contre votre Majesté, contre ses efforts pour maintenir la paix. »

3 *novembre*. — Un de mes collègues, pasteur, dont le frère a été tué, me raconte ses expériences de brancardier sous Verdun, quand l'assaut allemand battait son plein. Il me décrit ses impressions dans un fossé, avec son brancard, sous un tir de barrage, ne pouvant ni avancer, ni reculer : « Alors j'ai compris le *De Profundis !* Du fond de l'abîme je t'invoque, ô Eternel ! »

4 *novembre*. — Nos troupes ont repris le fort de Vaux, perdu le 8 juin. La *Gazette de Francfort* clamait alors : « Nous pouvons dire, autant qu'il est humainement certain : nous avons fermé le poing sur notre conquête, nul ne nous la ravira. » Or, voici le communiqué français : « La ceinture des forts de Verdun est maintenant rétablie dans son intégrité, et solidement tenue par nos troupes. »

Est-ce là fin du drame dont un correspondant allemand narra le début en ces termes : « Le 21 février, à 4 heures du matin, la place forte de Verdun fut réveillée de son assoupissement par un obus allemand. (Il tomba près de la cathédrale). C'était un coup de canon de *réjouissance* ; il signifiait le commencement des grands combats autour de la ceinture fortifiée de la place. »

5 *novembre*. — Un jeune soldat, arrivant de Verdun, décrit les préparatifs de notre récente attaque vers Douaumont. Sur 3 kilomètres de longueur, il a vu s'aligner des munitions pour le canon de « 75 » ; et elles ont été consommées.

10 *novembre*. — Visite d'un étudiant en théologie, porté par des béquilles. Il vient de passer six mois dans un lit d'ambulance. Le jour où les Allemands déclanchèrent l'attaque de « réjouissance » contre Verdun, il était à dix kilomètres en arrière de la ville. Soudain, il entendit le sifflement d'un obus, puis plus rien — pas même de détonation. Il se trouva par terre, n'éprouvant aucune douleur, et sans avoir perdu connaissance. Dans la fumée qui l'enveloppait, il vit l'ombre d'un camarade se relever et retomber ; il était mort. Cinq autres furent tués ; les blessés étaient trois ou quatre. Quand l'âcre nuée se dissipa, il aperçut le profil des Hauts-de-Meuse contre le ciel bleu ; et il conserve un souvenir inoubliable de ce tableau de paix. On le ramassa. Il était blessé à la tête, à la hanche (on craignit une fracture du bassin) au pied (qu'on faillit amputer sur le champ). Le train sanitaire mit quarante-quatre heures pour le transporter à Clermont.

Notre domestique est de plus en plus inquiète au sujet de son frère. Il était en ligne devant Douaumont. Elle court chez sa belle-sœur, qui lui réclame, éplorée, des nouvelles. Elle en rapporte, le soir, une enveloppe tachée de sang, et contenant une lettre du soldat, inachevée... Nous regardons ce pli tragique, en balbutiant des paroles d'espoir : s'il n'était que blessé ?

12 *novembre*. — Plus d'hésitation, hélas ! Comme il portait le café aux camarades, un obus l'a frappé à mort. Il a encore eu la force de dire à un compagnon : « Je te serre la main ; je vais faire un tour *là-haut* ! » Il avait le pressentiment de sa fin tragique. Les Allemands l'auront visé, pendant deux années, avant de l'atteindre.

Après une dure enfance, il avait réussi à se créer un foyer. Il laisse une veuve et deux orphelins, dont il a pleuré d'avance le sort, durant les longs mois de son martyre moral, malade et découragé. En creusant des tranchées dans le secteur de Verdun, cet habitant de Paris, employé à *La Ménagère*, déterrait des cadavres de camarades, dont un bras ou une jambe s'obstinaient à dépasser l'alignement ; on coupait ces membres récalcitrants à coups de pioche... La veuve, inconsolable, s'écrie : « Il me serait revenu aveugle, mutilé, manchot... On aurait vécu ensemble ! J'aurais travaillé pour la famille. Nous aurions eu des enfants. Mais maintenant ! »

17 *novembre*. — Nos soldats ont trouvé, au fort de Douaumont, une circulaire du général allemand, relative à la discipline : « Toute fausse pitié, toute faiblesse, tout laisser-aller, tout pardon pour quelque motif que ce soit, rendent les supérieurs complices des coupables !... Partout où des défaillances se produisent, ou commencent à se produire, on devra intervenir avec une main de fer. »

22 *novembre*. — Un zouave, arrivant de Douaumont, affirme que neuf gendarmes ont été pendus par nos soldats à Verdun. Ils pillaient, eux-mêmes, les caves abandonnées, et prétendaient empêcher les combattants de rechercher, non des effets, impossibles à emporter, mais de la nourriture. Des tirailleurs, après une exécution sommaire de gendarmes, ont laissé une pancarte indiquant que tel régiment se vantait d'avoir fait le coup.

Un autre permissionaire m'avait fourni des renseignements concordants. L'excitation des « poilus » est terrible, après la bataille. Devant Verdun, deux agents de liaison auraient perdu la vie, pour avoir porté à la troupe un avis de ce genre : « Que la relève de ce soir s'opère avec ordre !»

30 *novembre*. — Le zouave revient sur ses souvenirs. Il a fait partie d'un peloton d'exécution ; on a fusillé quatre de nos territoriaux, coupables, sauf erreur, de s'être enfuis. Mais l'exécuteur malgré lui, les plaignait fort ; ces malheureux avaient fini par perdre la tête, les nerfs ne résistent pas toujours à la tension de la guerre.

4 *décembre*. — On raconte que French, le maréchal anglais, a ramassé des marrons près de Verdun, pour les planter sur ses terres ; les arbres qui en sortiront seront un monument commémoratif à l'héroïsme français. Le geste a fait école. De nombreuses requêtes sont parvenues, d'Angleterre, à la municipalité de Verdun ; on a déterré, pour nos alliés, des marrons et des glands dans ce qui fut les bois de Vaux et de Douaumont, et parmi les ruines de la ville.

15 *décembre*. — Nous recevons à notre table le jeune soldat qui déclarait partir « la boutonnière fleurie », pour la cote 304. Après un certain combat, sur 250 hommes, il en restait 32. Avec ses camarades, il a détruit un groupe de dix Allemands à coups

de grenades. Il a été nerveusement ébranlé après ces horreurs, agité de cauchemars. Nommé infirmier pour sa conduite, il panse des blessures affreuses ; après quoi, il est saisi de tremblement (1).

16 *décembre.* — De la rue, le matin, monte la voix aiguë de la vendeuse de journaux. « Il y a de bonnes nouvelles, venez voir ! »

La presse annonce : « *Victoire au nord de Douaumont.*

Avance de 3 kilomètres sur un front de 10 kilomètres.

Prise de Vacherauville, Louvemont, Les Chambrettes, Hardaumont, Bezonvaux, la Côte du Poivre.

Plus de 7.500 prisonniers, 200 officiers. Nombreux canons et important matériel capturés. Nos pertes sont légères. »

---

(1) Le pauvre petit devait bientôt trouver la mort devant Verdun

DEUXIÈME PARTIE

LE PÈLERINAGE : 1920 (1)

IN MEMORIAM. — J'arrive de Strasbourg où j'ai donné, sur terre française, une conférence devant le corps pastoral alsacien ; sujet : « Le christianisme social ». Je viens de traverser Metz. Le train approche de Verdun, où je médite un pèlerinage aux champs de bataille : je veux fouler le sol où notre fils, durant vingt jours, attendit la mort.

Sa mère vient de m'écrire : « *Gare de l'Est*... Je suis dans le grand hall où notre enfant disparaissait parmi les hommes bleus, comme notre Maître parmi les baptisés, dans les flots du Jourdain. Comment a-t-on survécu à ces choses ? » Et encore : « Tu vois glisser sous tes yeux la France, sauvée par les hommes bleus de la gare de l'Est ».

D'ETAIN A VERDUN. — Je note. A partir d'Etain, démoli, cela sent la guerre. Voici les arbres cassés net. Combien d'obus pour briser un tronc chargé de feuilles et de nids ? Et combien pour tuer un soldat ?

Emplacement d'un bois... On dirait quelques croix sur un calvaire ; ou encore, des antennes de télégraphie sans fil, de celle qui lance le message suprême : « S. O. S. *Save our souls !* Sauvez nos vies ! »

Voici des trous d'obus où le ciel se reflète, car l'eau y séjourne ; et des fils de fer barbelés, à ras du sol, filets de métal rouillé, rêts tendus pour capturer l'oiseau ténébreux qui se traîne encore ici, l'esprit de Satan.

Quelques tombes militaires, groupées au bas d'une pente, comme des champignons de couche.

Le long de la voie, d'invraisemblables grottes creusées dans le remblai, d'anciens « abris » transformés en demeures, excavations de troglodytes.

Et des massifs de fleurs violettes, et des coquelicots rouges, trop rouges.

(1) Notes prises, en juin 1920, au cours d'un voyage.

La Citadelle. — Verdun ! au fond de la vallée. Partout des baraquements de fortune où logent les habitants dont les demeures sont démolies.

Je parcours un peu l'invulnérable citadelle, qui compte près de 8 kilomètres de galeries souterraines. Malgré la saison, le chauffage central est en action, car l'humidité ruisselle des murailles.

On me conduit à la « Salle des Fêtes », bien modeste, où le Président de la République offrit les décorations octroyées à la ville par les chefs d'Etat de l'Entente. Dans la salle des officiers on me montre le *Livre d'or*. Je remarque, au début, un autographe du futur maréchal Pétain : « On les aura ! », plus loin, un second autographe du même : « On les a eus ! » Beaucoup de signatures intéressantes. Que de personnages ont défilé dans ces caves ! Les caractères arabes, chinois, japonais, voisinent avec les écritures latines. Je songe à l'énumération qui ouvre les Actes des apôtres : « Parthes, Mèdes, Elamites ». Invité à inscrire mon nom, je le fais précéder de ces simples mots : « En silencieux hommage ».

La ville. — Puis je parcours la ville. Malgré les ruines accumulées, on éprouve avant tout l'impression tonique d'une énergie collective, acharnée au relèvement. Partout l'odeur crue du plâtre et de la poussière d'un immense chantier ; des wagonnets, chargés de matériaux, roulent sur des rails qui s'entrecroisent ; de nombreuses voies sont barrées par les entreprises de reconstruction. La rue Chevert me rappelle, hélas ! la pire désolation de Senlis et de Soissons. Bien que l'on entende, à travers ce chaos, le marteau du charpentier, j'ai peine à me consoler de ces ravages : au-dessus des fenêtres béantes et des portes branlantes, sourient encore, sculptés dans la pierre, de ravissants motifs d'art, feuillages, guirlandes, visages, tout un rayonnement de beauté dont je retrouve avec mélancolie des vestiges dans les piles de pierres, alignées en allées de Carnac, des deux côtés de la chaussée. C'est ainsi que le XXe siècle a respecté la grâce du XVIIIe !

Rabattre des ouvriers sur Verdun est devenu une chasse de bon rapport ; j'entends parler italien et même allemand ; dans les environs de la ville, dans les cimetières, sur les champs de bataille, travaillent des Chinois.

Passe un chariot, plein de douilles d'artillerie. Ces tragiques reliefs d'obus, en beau cuivre luisant, ornent de multiples étalages ; une patiente et ingénieuse industrie les a transformés en vases à fleurs.

Je parcours la ville, baignée de soleil, à la fin d'un après-midi lumineux ! Je regarde, j'écoute, comme en rêve. Je fixe au hasard mes impressions tumultueuses, contradictoires dans leur incohérence.

Sur une maison éventrée : « Fleurs et Plumes ».

Des enfants jouent dans une cave dont la voûte est crevée. L'un s'écrie : « Je te donnerais bien une gifle ! »

Une femme s'approche de moi : « Vous n'avez pas vu une petite fille ? »

La prison est debout. Un pasteur, aumônier militaire, m'avait raconté l'anecdote suivante : « Durant la bataille, j'ai rencontré à Verdun un protestant qui habite un hôtel particulier dans le plus beau quartier de Paris. Il était venu sur le front pour distribuer des boissons chaudes à nos soldats. Ce jour-là, il errait par les rues avec son matériel de débitant, affamé, ne sachant où passer la nuit... Je lui indiquai la prison ! » Le lugubre édifice est toujours là, avec une double inscription, l'une définitive : « Maison d'arrêt » — l'autre provisoire : « Abri : Hommes ».

Voici une singulière affiche, au moins par le vocabulaire, en un lieu pareil : « *Rendez-vous chez Sans-Souci. Abattoirs de Verdun. Rue des Petits-Frères* ». Tout cela pour annoncer des « chaussures de durée et qualité garanties ».

En montant vers la cathédrale par une ruelle toute en degrés, pittoresque escalier tournant, je jette un coup d'oeil dans les sous-sols d'une maison abandonnée. Naturellement, ils sont transformés en cabinets d'aisances.

Une inscription attire l'œil près de l'Eglise : « Couronnes mortuaires ».

J'entre dans le sanctuaire ; la plus grande partie en a été murée, les dégâts la rendant inutilisable. Je me recueille dans l'un des bas-côtés réservé aux offices. Je considère longuement une haute fenêtre ogivale, dont tous les vitraux sont détruits et remplacés par de grands carreaux rectangulaires, teintés de gris. Rien de plus banal. Mais à cet instant, précisément, le soleil resplendissait derrière cette baie, et il dessinait, sur ce fond brouillé, les ombres portées des nervures primitives et des fragments lamentables de la véritable fenêtre, demeurée à l'extérieur. Cela produisait, par transparence, un reflet si étrange, que je n'ai pas résisté au désir de le reproduire en un dessin rapide.

Au moment où je sortais de la cathédrale, entourée des ruines de l'Abbaye, l'horloge de l'église, lentement, sonna. Un timbre admirable, profond, solennel, à vous arracher les entrailles, et dont la vibration se prolongea, pathétique, dans la lumière du soir qui s'attardait sur les décombres... Mon imagination, par contraste, évoqua ces noms infernaux : *Mort-Homme, Ravin de la Mort, Bois des Corbeaux*... Un oiseau chantait, dans le silence des brèches.

Une inscription étrangère : *Canteen.* — Une affiche manuscrite : « Chambre pour voyageur ».— Un placard de protestation contre le retard de la démobilisation de la classe 1918. — Un autre placard, en vers ; trois poésies contre les Allemands ; l'auteur exige qu'on pende le kaiser. Au-dessous, cet anathème au crayon : « Mort aux vaches qui ont écrit ces lignes. Signé : Un Breton ». Après ce cri du coeur, une sentence : « Et celui qui a écrit les lignes signées : *Un Breton*, n'est sûrement qu'un Boche ».

La vie reprend, décidément, dans ce désert ; on perçoit le ronflement d'une machine à coudre. Des rires s'échappent d'une maison. Des enfants jouent sur une esplanade ; l'un d'entre eux, lançant un ballon, s'écrie : « Un obus qui tombe sur Verdun ! »

Autour de la place où ces petits s'amusent, des arbres singuliers évoquent de dramatiques souvenirs. Sans une feuille, noircis à la cime, et d'une blancheur squelettique, parce que l'écorce a disparu, ils se dressent en muets témoins du bombardement ; des éclats d'obus les ont frappés au coeur ; ils n'ont pas résisté aux gaz empoisonnés ou aux intempéries de l'hiver.

La Meuse. — Dans la soirée, je reprends mon lent pèlerinage, et cette fois au long de la Meuse.

Un hommage à la gloire militaire : la statue de Chevert, lieutenant général des armées du Roi (1695-1769). « Sans aïeux, sans fortune, sans appui, orphelin dès l'enfance, il entra au service à l'âge de onze ans. Il s'éleva, malgré l'envie, à force de mérite, et chaque grade fut le prix d'une action d'éclat ». Parmi ses hauts-faits, on cite l'attaque et la défense de Prague (1741-1743). Aujourd'hui, la Tchéco-Slovaquie est au premier plan de « l'actualité européenne » !

Près de ce monument, pêle-mêle, d'autres inscriptions : « Exhumations militaires. Pompes funèbres de Verdun ». Sur une maison éventrée : *Marabout Bar*. Sur une seule façade, trois avis superposés, dans l'ordre suivant : « *Confiserie. Visite aux champs de bataille. Dragées de Verdun* ».

Un phonographe hurlait un chant patriotique. Puis ce fut le tour de la *Marseillaise.* Quelle résonnance auguste prenaient ces paroles classiques, dans un tel cadre : « Liberté, liberté chérie, combats avec tes *défenseurs !...* »

En écoutant ces appels déchirants, je contemplais des maisons effondrées dans la Meuse, et de grands nuages, noirs comme des fusées d'obus, montant dans le ciel clair.

Une fillette jouait le long des massifs qui ornent les alentours du monument. Elle s'écriait joyeuse : « Allez, chopez-moi ! » Et encore : « Topez les mains, et tourbillon ! »

Les ombres descendaient sur la rivière endormie. Par contraste avec le tonnerre de l'interminable bataille, je ressentais avec acuité, dans l'intime de mon être, le silence extraordinaire des choses.

Des lumières s'allumaient dans les baraquements de bois, élevés pour la population verdunoise ; j'aperçus, par la porte ouverte, une jeune fille habillée de rose. Un papillon clair voletait sur la berge. Un poisson bondit hors de l'eau. Un soleil rougeâtre achevait de s'éteindre dans la Meuse ; et en même temps, sur les hauteurs qui encerclent la citadelle, de fauves lueurs s'allumaient, comme si la bataille se ranimait, fantomatique, entre ciel et terre.

Je songeais, dans ce calme poignant, aux jeunes gens de ma connaissance, ou de ma parenté, qui sont tombés à Verdun ; l'un de mes étudiants en théologie est mort d'épuisement, après les fatigues du combat.

Soudain, je me sentis pressé, par une conviction intérieure irrésistible, de former un triple pacte en mon âme : d'abord avec notre fils, le soldat « sans peur et sans reproche » de Thiaumont ; puis avec la France, exsangue et toujours menacée; enfin, avec l'Evangile de demain, celui qui tuera la guerre. Et mes sentiments se formulèrent dans le sonnet suivant :

SOIR D'ÉTÉ

A notre fils, soldat de Thiaumont en 1916.

Sur Verdun qui s'écroule et plonge dans la Meuse
Descend la paix du soir. En l'eau trouble, déteint
L'incarnat du soleil, et le couchant s'éteint...
Quelque poisson bondit hors de l'onde brumeuse.

Mais soudain, sur les forts, la bataille fameuse,
Au long des coteaux noirs dont le rempart est ceint,
Court en fauves lueurs où le combat se peint,
Empourprant d'un sang pâle astres et nébuleuse.

Rosace de douleurs, violâtre vitrail !
Spectres de nos soldats contre un rouge vantail !
Devant l'Autel, je prie, et scelle un triple pacte :

Avec toi, blême encor du sombre défilé ;
La France, qu'auréole un laurier désolé ;
Un Christ fort et sauveur, passant des mots à l'acte !

LE CHAMP DE BATAILLE. — Le lendemain matin, départ pour les champs de bataille, sur la rive droite de la Meuse. (Tournée d'une soixantaine de kilomètres). J'ai voulu faire ce pèlerinage sans la compagnie des touristes. Des pancartes en ville annoncent bien le « Circuit des champs de bataille », en « *autocars* confortables »... « Deux expéditions par jour ; 25 francs la place (1) ». Mais j'avais besoin de silence intérieur.

Ma visite est organisée sous les auspices d'un commandant quatre fois blessé, privé d'un oeil, spécialement chargé de piloter les étrangers, les journalistes, les délégations d'Ecoles normales qui, de toutes parts, montent vers les « hauts lieux » de l'holocauste français. Cet officier supérieur est fier de la mission qui lui est confiée. « La victoire de Verdun, dit-il, est bien la *nôtre*. Nos troupes ont résisté, seules, aux Allemands. »

La petite automobile qui nous emporte est conduite par un soldat de la classe 1919, coiffeur de son état, en Algérie. Un de ses frères est revenu éborgné de la guerre, un autre a été tué. Après m'avoir confié ces détails, il conclut philosophiquement : « I'faut s'contenter ! »

Quant au commandant, il garde le sourire. Je lui cite la déclaration d'un écrivain, comparant le tapage du bombardement au vacarme insensé de trains express lancés à toute vitesse, dans les airs, sur un dôme formé de rails invisibles. « C'est exact, répond mon compagnon ; le bruit des obus était comparable à celui des locomotives ; c'est très drôle. »

Après avoir vainement attendu la veuve d'un général, qui avait exprimé le vœu de visiter la tombe de son mari, à Thiaumont, nous quittons Verdun, sous un clair soleil. Autour de la cité se pressent encore des bouquets d'arbres dont quelques

(1) Louer une voiture à part, coûte 100 francs.

uns, cependant, sont atteints des « pâles couleurs » ; ils ont péniblement traversé le dernier hiver ; les prochains froids auront raison de leur courageuse résistance aux blessures de guerre. Plus loin, les arbres sont ébranchés, et coupés plus près du sol, en plein tronc, par la mitraille. Puis des potences, des mâts noircis, à l'endroit même où les promeneurs, cachés sous les ombrages, cueillaient le champignon ou la fraise. Enfin, plus rien ; les arbres, fauchés comme des graminées, ont disparu ; il ne reste plus trace des forêts d'où les Allemands dévalaient, comme des blattes grises, le long des pentes, vers les ravins.

Nous voilà sur les hauteurs. Autour de nous, à perte de vue, le champ de bataille étend son panorama circulaire. Jusqu'à l'horizon le plus lointain, les coteaux succèdent aux coteaux, comme les vagues immobiles et formidables d'un océan pétrifié. Pas une maison, pas un mur, pas un arbre, pas un oiseau. Le désert. Pour la première fois, depuis le cataclysme, la nature compatissante a jeté, cette année, sur le chaos, le manteau des fils de Noé. La terre verdoie ! Auparavant, le champ de bataille offrait une coloration uniformément terne, couleur nid de guêpe ou papier d'emballage. L'herbe a reparu ! parsemée de fleurs blanches et de coquelicots écarlate qui, souvent, dessinent le contour des trous d'obus, comme des guirlandes autour d'un cratère plein de sang.

Cette végétation, engraissée de chair humaine, va proliférer vigoureusement ; et dès l'an prochain, les plaies du sol, les ruines, les vestiges du combat, auront peut-être disparu.

Au surplus, rien, absolument rien — sauf les lignes générales du paysage — ne rappelle aujourd'hui ce que fut le cadre du champ de bataille, ou son aspect, au début de la tourmente. Pour leur part, les alentours du fort de Vaux ont reçu dix mille obus quotidiens, durant trois mois ; les routes furent donc annihilées en même temps que les villages ; et les tranchées que nous apercevons ici et là, les boyaux de communication encore béants et blanchâtres dans la verdure, indiquent les suprêmes ouvrages de terrassement préparés pour les combats ultimes.

L'immensité même du désastre empêche l'imagination de l'embrasser. Tel hameau, dans la banlieue de Verdun, avec ses toits crevés, ses maisons éventrées, ses murailles découpées en scies, produit plus d'impression qu'une localité anéantie, et dont la poussière se confond avec celle du chemin.

Le Fort de Vaux. — Nous gravissons, à pied, le Fort de Vaux. Une alouette invisible chante, l'alouette gauloise, ivre de soleil. Elle n'a pas besoin, elle, d'arbres pour nidifier ; de la terre et du ciel, voilà ce qu'elle demande, et elle délire de joie en montant vers la lumière.

Debout sur la superstructure du Fort, je suis des yeux les explications que me donne mon guide. « Là étaient cachés les Allemands... Par là ils se faufilèrent... Là ils furent arrêtés. » Voici la redoute R , défendue par un capitaine qui écrivait, le soir du 1er juin : « Partout les pierres sont ponctuées de goutelettes rouges. Par place, de larges mares de sang violet et gluant restent figées. Au grand soleil, des cadavres gisent, raidis dans leur toiles de tente sanguinolentes... Partout des amas de débris sans nom : boîtes de conserves vides, sacs éventrés, casques troués, fusils brisés, éclaboussés de sang rouge. Au milieu d'un de ces horribles tas s'étale une chemise toute blanche et dégouttante de sang rouge. Une odeur insupportable empeste l'air. Pour comble, les Boches nous envoient quelques obus lacrymogènes qui achèvent de rendre l'air irrespirable. Et les lourds coups de marteau des obus ne cessent de frapper autour de nous. »

Des hommes boivent leur urine. Un brancardier s'écrie : « Mon capitaine, nous ne restons plus que trois : les autres sont tués ou blessés. Voilà trois jours que je n'ai pas mangé, que je n'ai pas bu une goutte d'eau, que je ne suis pas allé à la selle. » Il s'appuie au poste de commandement, sous le fracas des obus ; ses yeux, cerclés de bleu, semblent lui sortir de la tête.

Et les fantassins d'en face ne s'amusent guère ! L'un d'entre eux, devant le fort de Vaux, griffonne ces lignes : « Inutile d'écrire davantage. Tout le reste se comprend. Je veux cependant avoir de l'espoir. C'est amer, bien amer ! Je suis encore si jeune ! A quoi bon ! Que sert de prier ou de supplier ? Les obus ! Les obus ! »

Et un autre écrit : « Tu ne peux t'imaginer à quel point j'en ai parfois assez de la vie !... Hier, encore un temps affreux ; nous étions de nouveau transpercés jusqu'aux os. Alors on a dit : « Pourquoi les hommes ne chantent-ils pas, aujourd'hui ?» Et, dans notre misère, il a fallu encore chanter... »

Nous parcourons l'intérieur du Fort. Ici et là, les étroites allées qui se coupent à angle droit sont bouchées par un mur de maçonnerie, dans lequel on a ménagé une ouverture pour lancer des grenades. Les traces de la lutte sont encore visibles, des éraflures creusées par les projectiles : rayures de balles, éclatements. Des corps à corps atroces ont ensanglanté ces lieux, dans une atmosphère méphitique, rendue irrespirable par les déjections des malades ou des blessés, et par la fumée noire des liquides enflammés projetés du dehors par l'assaillant... « Cet endroit, m'explique le commandant, servait de chapelle. » Quelques drapeaux tricolores, fanés, pendent contre le roc de la muraille. Alors, on priait là-dedans, au nom du Galiléen ?

Mon guide essaie de peindre les souffrances morales de nos défenseurs, les chocs nerveux auxquels ils étaient soumis. « Quand un obus de gros calibre éclatait sur la voûte, il semblait que le Fort tout entier fût soulevé, arraché de terre, et l'on retombait avec lui. »

Fleury. — De là, nous gagnons le village de Fleury, que notre fils traversa pour prendre position devant Thiaumont ; sur l'emplacement de cette localité pulvérisée, « nous marchons par la foi, non par la vue. » J'en crois le témoignage de ceux qui, naguère, ont aperçu des maisons à cet endroit. Quelques pierres plates posées les unes sur les autres, ici et là, dans la brousse, évoquent le souvenir d'une demeure humaine. Nous circulons à travers les trous argileux, pleins d'eau stagnante, hérissée de roseaux. On aperçoit à terre quelques débris de machine agricole, une bêche cassée, un casque de soldat français. Dès que l'on creuse, on rencontre des ossements.

Thiaumont. — « Vous désirez pousser jusqu'à Thiaumont ? — C'est le but même de mon pèlerinage paternel. » L'automobile bondit sur la route mal empierrée. En passant devant des tombes qu'il revoit quotidiennement, le commandant, d'un geste grave fait le salut militaire. Puis il s'étonne que tant de combattants aient résisté à la tentation du suicide : un de ses camarades, un officier, ayant les deux jambes arrachées, s'est brûlé la cervelle... De toutes les créatures vivantes, l'homme ne serait-il point celle qui s'adapte le plus merveilleusement aux circonstances ? Après le moindre surmenage, le cheval crève, fourbu. Mais l'être pensant, arc-bouté sur sa raison, sur sa volonté, maintient son équilibre ; et de même que la température sanguine reste égale sous le soleil tropical ou dans la neige polaire, de même notre âme s'entoure d'une atmosphère morale d'où elle défie les influences extérieures.

« Ouvrage de Thiaumont »... — Pour en gagner l'emplacement, nous quittons notre véhicule blanc de poussière, et sautillons à pied entre les trous d'obus, pleins d'eau. Il n'est pas facile de se frayer un chemin à travers cette écumoire. Il faut suivre le rebord des cratères, les contourner, éviter de donner du talon contre des projectiles. « Prenez garde ! Voici des grenades non éclatées. » Il y en a de françaises et d'allemandes. Ici, des grappes de cartouches ; un obus intact ; là, des fusils brisés. « Tenez, j'ai essayé d'explorer ces abris, où le toit s'est effondré, ensevelissant un tas de Boches. Une botte pendait hors de la terre. Une telle puanteur, que je n'ai pas poussé jusqu'au fond. »

Je touche au but sacré que je m'étais proposé. Voilà donc la région de terreur et de malédiction où notre fils a interposé son jeune corps entre l'invasion et le foyer natal. Immensité du champ de bataille. Immensité du ciel. Immensité vertigineuse de l'événement. Ecrasant silence !

... Deux fortes détonations retentissent ! « Entendez-vous ? on fait exploser les obus non éclatés. » Et mon guide, une fois de plus, appelle mon attention sur l'impossibilité de se représenter, aujourd'hui, la véritable couleur du paysage infernal durant les duels d'artillerie. « Et pour cause ! Par exemple, entre l'ouvrage de Thiaumont et le fort de Souville, sur deux kilomètres et demi de front, il est tombé en une seule nuit, du 22 au 23 juin 1916, entre dix heures du soir et cinq heures du matin, cent mille obus asphyxiants... Et comment décrire l'agonie des empoisonnés ? Je me rappelle un officier, pris par les gaz, aveugle, aphone, cherchant en vain sa respiration, et qui n'expira qu'après trois ou quatre jours de torture ! »

DOUAUMONT. — Nous voici parvenus au Fort de Douaumont, un de ces noms fatidiques dont la sauvage lueur a couru tout autour du globe, comme un cercle de flammes ceinture la coupole d'un édifice illuminé.

Nous montons sur la voûte, gondolée par des trous d'obus, excavée profondément par la chute d'un « 420 » allemand. Du haut de cet observatoire, notre regard embrasse le charnier fabuleux dont les limites s'estompent dans le lointain. Mon compagnon raconte : « J'ai rencontré, un jour, dans ces environs, un père et une mère, paysans de la Côte-d'Or ; ces parents éplorés cherchaient la sépulture de leur enfant. Ils m'ont demandé : « Où est le cimetière de Douaumont ? » Or, notez que l'on compte, en cette région, 70 à 80,000 tombes pour 400.000 morts français (le tiers des tués à la guerre.) Les Allemands ont laissé, peut-être, 500 à 600.000 cadavres... Seulement 70 à 80.000 tombes ! Plus de 300.000 des nôtres ont donc disparu, sans laisser de traces. J'ai répondu au couple mélancolique : Gravissez le Fort ; parvenus au sommet, regardez autour de vous dans toutes les directions. Et puis, dites-vous : Le cimetière de Douaumont, le voilà !... Ah ! j'en ai vu de ces pieux pèlerinages. Une fois, à la cote 304, je rencontre deux femmes, une mère et sa fille. Elles cherchaient la piste d'un fils, d'un frère. « C'est bien l'emplacement d'un poste de commandement ? me disent-elles ?. — Parfaitement. — Alors, le pauvre est tombé sur ce chemin-ci, en portant un ordre à cet endroit. » Et elles suspendent une couronne funèbre, le plus près possible du poste, sur un piquet de réseaux de fils de fer. Et c'est ainsi, incessamment ! »

Jérusalem ! La Mecque ! Verdun ! D'âge en âge, on viendra se prosterner, « In memoriam », dans ces lieux sacrés. On y viendra des cinq parties du monde. Les Américains y visiteront un cimetière où reposent 25.000 soldats des Etats-Unis. Et de Berlin, aussi, des parents en deuil apporteront des soupirs et des larmes.

Ce Fort de Douaumont ! Pendant le temps que nos ennemis l'occupèrent, combien de fois il apparut comme un oasis, un Eldorado, un jardin d'Eden, à ceux qu'il abritait momentanément, tandis que nos canons lourds, tout à l'entour, battaient l'atmosphère et frappaient l'espace, comme des marteaux de chaudronnier une vibrante plaque de métal !

On raconte que les troupes allemandes, arrivant de l'arrière, et un instant garées dans le Fort comme en un tunnel, hésitaient à délaisser un abri pareil pour s'élancer dans la fournaise ; en une certaine occasion, les officiers durent s'y reprendre à six fois, pour décider leurs hommes à se jeter, vivants, dans l'enfer.

Penser que des millions d'hommes, poussés impitoyablement les uns contre les autres sur ces sinistres pentes, ont offert, vus de Sirius, l'aspect de gamins qui jouent, séparés en deux bandes, à se faire successivement dégringoler d'un tas de sable !

Avant de quitter Douaumont, le commandant vide un tronc cadenassé où les visiteurs déposent leur offrande pour l'entretien des tombes militaires.

L'Ossuaire. — Des explosions d'obus retentissent. Poursuivant notre pèlerinage, nous entrons dans l'Ossuaire de Thiaumont, un très simple baraquement qui sera remplacé, plus tard, par un monument moins primitif. Il est question de l'ériger sur le Fort même de Douaumont, point culminant.

Dans cette salle, de grands cercueils de bois blanc reçoivent les restes humains ramassés sur le champ de bataille. Une lugubre classification préside à cet échantillonnage. Dans telle boîte, on enferme les ossements trouvés dans le secteur de Fleury ; dans telle autre, les fragments de squelette recueillis dans le secteur voisin, et ainsi de suite. Les familles en deuil sont de la sorte averties qu'elles peuvent déposer l'hommage de leur piété reconnaissante, et inconsolable, sur tel couvercle et non sur tel autre. On aperçoit, en effet, sur les caisses mortuaires, des fleurs fanées, un fusil rouillé, un casque bossué...

Un prêtre se tient en permanence, durant la journée, dans cet ossuaire. Il y célèbre la messe, chaque matin. « Le soir, nous explique-t-il, je redescends à Verdun, le plus tard possible, pour y manger un repas chaud et y passer la nuit. » Il collecte en faveur du projet d'ossuaire, où des places doivent être réservées aux trois cultes : catholique, protestant, israélite. Un certificat-souvenir, portant la signature du maréchal Pétain, est offert à tout donateur d'une somme de dix francs.

Ce prêtre a été soldat, dans la région, pendant la titanesque bataille. Certains souvenirs le hantent. « Sur le front de Verdun, la première émission de gaz contre nos soldats eut lieu à Béthencourt. Un déserteur alsacien nous avait prévenus. Fiévreusement, on fabriqua des moyens de préservation informes, des tampons de ouate fixés au nez par du fil de fer. Quand la vague de poison s'abattit sur nos troupes, le résultat fut terrible. J'entends encore ces hommes qui râlaient et qui, en suffoquant, appelaient leur mère, leur femme et leurs enfants... Ces scènes de désolation durèrent de cinq heures de l'après-midi à une heure du matin, sans qu'aucun secours fût apporté aux martyrs ; le service de santé était retenu auprès d'une formation de territoriaux, eux-mêmes abîmés par les gaz. Nous sûmes, plus tard, que notre artillerie avait crevé les appareils à gaz de l'ennemi, d'où s'échappèrent l'épouvante et l'agonie sur les Allemands... Je n'oublierai jamais cette nuit cruellement froide, et ce clair de lune magnifique. » A écouter ce prêtre, on sentait que ces implacables souvenirs vibraient en lui, comme autant de flèches dans la poitrine d'un saint Sébastien.

Il me présenta le Livre d'or, où je trouvai, datant de la veille, la signature de mon collègue à l'Oratoire, le pasteur et professeur John Viénot, avec celles des ecclésiastiques hollandais auxquels il a montré tout le front français. Ils en ont recueilli une impression dramatique, indélébile, mortelle aux préjugés germanophiles. Sur le livre des visiteurs j'inscris, après mon nom : « Heureux ceux qui ont faim et soif de justice ! — Le Christ. »

La tranchée des baïonnettes. — En sortant de l'Ossuaire, mon guide me conduisit à la « Tranchée des baïonnettes. » Ici, sous un tir convergent, furent enfouis tous à la fois, et d'un seul coup, par une rafale d'obus, un grand nombre de nos soldats, une centaine ou davantage, accroupis dans leur tranchée, attendant le signal de l'assaut. Le régiment perdit la moitié de ses effectifs ; dans ce coin du champ de carnage, sur six cents hommes, il en subsistait vingt-cinq ou trente. La soudaineté de la catastrophe est écrite sur le sol maudit, d'où émergent verticalement, sur une même ligne, des canons de fusils. Des mains sacrilèges les ont, paraît-il, dépouillés de leurs baïonnettes.

Je m'étonnais que des familles consentissent à laisser, dans une situation pareille, la dépouille mortelle de leurs enfants. Le commandant répliqua : « C'est la plus belle des tombes ! » En tous les cas, un Américain a été si fortement ému par ce spectacle unique au monde, qu'il a donné une forte somme d'argent destinée à élever un monument au-dessus de la tranchée dantesque : on empêchera ainsi les ronces et les fleurs d'envahir le sol où dorment, l'arme au bras, des soldats français, sentinelles avancées de la Société des Nations...

Avant de quitter ce point désormais légendaire, épique, mon guide me déclara : « Dans notre randonnée, vous avez eu un spectacle ininterrompu de destructions ; objets, forêts, villages, ouvrages militaires, l'artillerie a tout abattu. Une seule chose est restée debout : le courage de nos petits soldats ! »

Memento. — Nous redescendons sur Verdun, par une route que construisit le général Mangin pour sa dernière contre-attaque victorieuse. De nombreux abris pour combattants subsistent le long du chemin. Voici les carrières d'Haudremont, dont les parois perpendiculaires ont conservé la teinte boudeuse et sale du champ de bataille dénudé par les explosions. Nous traversons le village de Bras, en ruines....

Je suis assommé par l'émotion : la détresse inexprimable de ce gigantesque holocauste ; la sauvagerie ; l'épopée ; l'immensité du morne désert de coteaux et de vallées où fume, inapaisé, le sang de 900.000 victimes ; ces fleurs jetées à profusion sur le sol creusé, déchiré, déchiqueté, par le farouche va et vient du soc enflammé de la mort ; ces villages dont les pierres pulvérisées sont une poudre d'ossements humains ; ces forêts saccagées, anéanties, où les arbres survivants, squelettiques, se dressent comme autant de croix sur autant de *Collines du crâne* ; ces trous d'obus, pressés comme des cirques lunaires et enguirlandés de coquelicots ; la désolation totale, absolue, de ces espaces trop silencieux, de ce plein ciel où hurlaient les explosions par myriades, où vibrait l'héroïsme, où s'époumonne une alouette solitaire — et le *Quo non ascendam ?* mêlé au *Lamma Sabachtani !...*

La gare. — En route vers la gare !

Un avis me frappe : « Touristes et *pèlerins*. Pour tous renseignements sur les champs de bataille...»

Plus loin, cette pancarte : « *Dépôt d'épaves.* Versez vos chiffons, fusils, cartouches, douilles, laiton, ferrailles, caisses vides, au quai sud. »

Près de la station, un Algérien coiffé du fez ; un Chinois, fier d'une casquette plate.

Au guichet des billets pour Paris, on fait queue ; permissionnaires et démobilisés se pressent. Un sujet de l'ancien Empire du milieu prétend passer devant les camarades , pour sauter dans un train en partance. Malgré la chaleur, il a jeté sur ses épaules la capote bleu horizon. Sous le calot du fantassin, ses cheveux noirs et poussiéreux traînent en balai sur la nuque. Sa figure aplatie et ridée se creuse d'un affreux rictus quand il sourit, ouvrant sous son nez trop court une vaste cavité buccale où chevauchent des dents jaunâtres mal plantées. « Passe derrière, Chinois d'Africain ! »

Le quai de la gare est triste, sous une pluie fine qui pleure silencieusement. Le soleil du matin s'est encapuchonné de gris. Voici le réverbère brisé qui figure, depuis des années, sur les photographies classiques de la station.

Affiche macabre : « *Etat-civil.* Renseignements sur les tombes. »

Une jeune mère joue avec son petit enfant, aux cheveux bouclés. Il reste en arrière. Elle dit : « Au revoir ! » Il accourt avec un léger cri, et se cramponne à la jupe maternelle. Puis il s'endort dans les bras de la visible Providence.

Ainsi d'innombrables mères ont joué, jadis, avec les centaines de milliers d'hommes que l'artillerie vient de pulvériser autour de Verdun.

Lorsque notre fils, dans un trou d'obus devant Thiaumont, sous un soleil de feu, sous son casque brûlant, respirait le souffle embrasé des projectiles allemands, nous attendions d'heure en heure, à Paris, quelque télégramme atroce : « Jambe arrachée ?... Tête fracassée ?... »

Je revois en esprit un corbeau qui volait, vers midi, près des carrières d'Haudremont, dans un ravin. Ses congénères, dévorateurs de chair, ont beaucoup fréquenté les champs de bataille.

Au moment où le train s'ébranle, plusieurs explosions d'obus retentissent, et j'aperçois de grands arbres morts dépouillés de leur écorce, blancs comme des suaires ; leur demi-cercle esquisse une couronne d'épines.

Châlons-sur-Marne. — La voie ferrée suit le front de l'Argonne. Ici et là, dans le crépuscule, apparaissent encore des villages en ruines. A Châlons-sur-Marne, un wagon repeint porte cette inscription toute fraîche : « *Alsace-Lorraine. Hommes* 48, *chevaux* 6. »

Alors, cela va continuer !

Je me remémore cette page, écrite par le rédacteur du « Communiqué », dans son récent ouvrage : « G. Q. G. (1). Il décrit les sentiments de certains militaires français, à l'époque de l'Armistice, en novembre 1918. « Je vis un moment le souci régner dans l'âme du Troisième Bureau. La révolution venait d'éclater en Allemagne. On annonçait l'avènement de la république socialiste. Est-ce que c'était le commencement de l'âge d'or prédit par les rêveurs tant moqués, la fin des conflits guerriers, la suppression des armées permanentes ? J'ai vu mes camarades préoccupés.

« Ils disaient que c'était infiniment dangereux, cet écroulement de tout un ordre social fortement organisé ; que sans ce contrepoids, la France, toujours retenue dans son désir de tenter les expériences humanitaires par le péril d'outre-Rhin, allait connaître le déchaînement d'un idéalisme sans frein.

« Ils n'avaient pas tort, assurément. Ceux qui pensèrent ainsi en France ont été innombrables. Nous ne sommes pas mûrs pour l'âge d'or ; nous préférons de beaucoup le maintien de l'erreur, de la souffrance et de la guerre réalisés dans l'ordre, que de voir monter à l'horizon le soleil de la fraternité, non moins sanglant, non moins accompagné de deuil et de ruines, mais aggravé par l'anarchie. »

---

(1) *Trois ans au Grand Quartier Général, par le rédacteur du communiqué,* Jean de Pierrefeu (2 volumes).

CONCLUSION

PENSÉES D'UN COMBATTANT DE VERDUN (1)

5 *juillet* 1916. — Subitement, la nouvelle d'un départ est arrivée ; des camions automobiles, d'un trait, nous ont amenés aux environs de Verdun. De là, par une pluie battante, un vrai déluge, nous avons gagné la cité.

6 *juillet*. — Nous avons eu le privilège de dormir dans les souterrains de la citadelle, à l'abri des obus, mais plongés dans une atmosphère surchargée d'humidité. Nous essayons de nous sécher. Nous grimpons en première ligne, ce soir, dans la direction de Thiaumont. Les hommes envisagent froidement le pénible de la situation ; ils deviennent très doux ; les cœurs s'apaisent, les ressentiments tombent.

8 *juillet*. — Les blessés rappliquent déjà. Ce sont les relèves qui sont les plus dures et les plus coûteuses. Pas de boyaux, et des tirs de barrage avec des obus de 210.

Cela me peine que vous vous inquiétez à ce point. Quant à verser des larmes... oh ! non. Il faut savoir porter sa douleur avec plus de dignité, plus de grandeur morale. Or, une souffrance ne rapetisse jamais. Saint Paul écrivait : « Je me réjouis dans mes souffrances ».

Dans ces instants, où toutes les énergies de l'âme sont à la recherche à l'attrait de l'Invisible, je saisis avec force que Dieu n'est pas ici, mais le « *Père* » y est certainement, avec sa plénitude spirituelle.

13 *juillet*. — Quelle vie ! Quelle vision ! Quel charnier puant ! Le bombardement n'arrête pas une minute. Le jour, impossible de bouger. La moindre imprudence est chèrement payée.

15 *juillet*. — Je n'ai jamais été aussi sale. Mes habits déchirés

(1) Etudiant en philosophie à la Sorbonne, inscrit à la Faculté de théologie protestante, le sous-lieutenant Ernest Chavey monta devant Thiaumont avec le régiment de mon fils, le 130e d'infanterie en 1916. Il fut tué, l'année suivante, à la bataille de Moronvilliers, en Champagne.

Les pensées de lui, ici reproduites, sont empruntées à un volume de ses *Lettres*, « In memoriam. »

sont entièrement jaunes. La crasse sur les mains et la figure, est à enlever au couteau. Mais le moral est très bon.

16 *juillet.* — L'air est singulièrement peuplé, la terre tremble. Mais, gardé en les pensées d'En Haut, je reste calme et naturel.

17 *juillet.* — Les « colibris » et les « trains voyageurs » passent sans cesse, sifflant dans l'air. Le ciel, parfois, en semble obscurci... Je ne veux pas trop envisager l'avenir : que la réalité de chacun de nos instants présents soit haute et pure ; et alors, quoi qu'il arrive, tout sera bien...

23 *juillet.* — Enfin relevés depuis ce matin ! Pour sortir des premières lignes, il faut traverser une crête battue par les tirs de barrage, et c'est un quart d'heure de pas gymnastique. Nous arrivons jaunâtres, la mine creusée, décavée, fiévreux et courbaturés. Comme on ne se voyait que la nuit, ce matin je reconnaissais à peine les hommes de ma section, tant ils sont changés après seize jours et seize nuits accroupis sur le sol. Je m'en suis tiré avec un léger éclat sur l'œil.

27 *juillet.* — Ce soir, nous remontons en ligne. La canonnade semble plus intense. Quelque peu reposés, je me sens en bonne forme pour recommencer un séjour dans le même secteur. Et puis, il m'est toujours possible d'acquérir une égale confiance de cœur. Que chaque instant s'écoule dans une contemplation pure et haute, et aussitôt l'Esprit rayonne abondamment.

...La *vue* du terrain démoralise, surtout. Ce n'est qu'une série de gros trous, véritables cratères qui chevauchent absolument les uns sur les autres. Pas une pousse d'herbe, pas un coin intact. Les obus ont créé de véritables murailles de terre, creusé des vallées. Alors l'esprit, saisi de frayeur, cherche en vain où se réfugier. Partout on est pris ; c'est comme si on était engagé dans les rouages inexorables d'une machine fatale.

Mais on finit par s'habituer, on se dit que c'est l'œuvre de cinq mois d'un pilonage constant au même endroit ; et puis, l'esprit de liberté est plus fort que tout.

Conquérir la confiance, ce n'est pas demander un droit absolu à la vie terrestre. Il est possible que l'Esprit agisse avec puissance et « garde » au sens strictement matériel. Mais ce n'est pas l'unique objet d'une certitude à conquérir. Ce que l'on réclame, c'est la sérénité de pensée, qui s'affirme victorieuse. Pouvoir dire, aux moments d'angoisse : Je ne tremble pas !... En tout cela, je suis « plus que vainqueur ! » Alors on peut être blessé ou tué, c'est le sourire aux lèvres, la confiance au cœur, car on aura été « gardé dans les pensées de Dieu ».

...Boire aux sources glacées de la sainteté, marcher le front haut, forgé comme un dur acier ; puis avoir un coeur qui parle, porter une vision qui ait une marque d'amour divin.

29 *juillet.* — Nous avons repris notre place en première ligne. C'est long, des journées de 2 heures du matin à 9 heures du soir, accroupi au fond d'un trou, secoué par un tremblement, à la merci du premier obus, sous les rafales qui se succèdent sans interruption, et arrosé par de grosses mottes de terre qui retombent lourdement.

31 *juillet.* — Dans l'armée, le sentiment révoltant d'agir contrairement à son idéal, la sensation repoussante du jugement de non valeur alloué à la personne humaine, facilitent quotidiennement la protestation de l'esprit ; mais cela s'acquiert partout où l'on aime, où l'on souffre, où l'on vit intensément.

J'ai un frisson d'épouvante en songeant aux soldats obscurs qui, en février, en mars, soutinrent à Douaumont le choc allemand. Ce piétinement dans l'eau et sous les obus m'apparaît inimaginable d'angoisse.

Même date. — Face à la redoute de Thiaumont, nous avons passé vingt jours dans un trou d'obus ; pour abri, une toile de tente, dans un terrain volcanisé qui semblait une mer déchaînée, subitement pétrifiée, plongés éperdus au milieu des tirs de barrage dont les coups répétés se succédaient comme une tambourinade. Peu d'impressions diverses : seulement la sensation d'un fatalisme qui enserre la personne avec une rigueur infernale, et puis la protestation, le sursaut de l'esprit qui cherche dans l'amour sa victoire et s'attache à la croix avec une ferveur émue. Une seule chose plane au-dessus de ces terres mortes, c'est que l'Esprit nous reste et que nous n'avons qu'une ressource, vivre de toute notre âme.

3 *août.* — Enfin relevés ! Les derniers jours furent terribles. C'était un écrasement sous le fer et une pluie de feu. (Le terme est exact, car les obus allemands contenaient une matière phosphorescente qui semblait couvrir de flammes blanches la terre et les vêtements). La terre tremblait comme un château de cartes. Un obus a éclaté si près de moi, que la commotion a brusquement arrêté ma montre. Quantité d'hommes ont été ensevelis, quelques uns pour toujours.

Au moment de la relève, ce fut un affolement. Ceux qui montaient arrivèrent au petit jour, et attendre plus longtemps, c'était se faire hacher. Aussi quelle débâcle ! on bousculait ceux qui montaient encore comme un troupeau craintif. Les agonisants râlaient et les blessés réclamaient en vain du secours. Plus de brancardiers. O goutte dans l'Océan ! Que nos personnes sont peu de chose, et comme on s'accroche à ce qui demeure, à l'amour vainqueur, à la croix qui émerge !

Ces moments passés restent ineffaçables. Je sens que tant de souffrances bénies, de faiblesses glorifiées, ont élargi nos cœurs, nous détournent définitivement des valeurs courantes, et orientent plus que jamais notre activité dans le sens de l'âme.

« De toute son âme », c'est tout ce qui émerge des bords de la Meuse !... »

Humblement, et avec ferveur, très humblement, répétons : *De toute notre âme !*

WILFRED MONOD.

Société Anonyme d'Imprimerie Montbéliardaise.

www.ingramcontent.com/pod-product-compliance
Ingram Content Group UK Ltd.
Pitfield, Milton Keynes, MK11 3LW, UK
UKHW022150170726
13837UKWH00004B/1905